SUPPLÉMENT

A LA

NOTICE HISTORIQUE ET BIBLIOGRAPHIQUE

SUR LES

CONTROVERSES

RELIGIEUSES

EN DAUPHINÉ

PENDANT LA PÉRIODE DE L'ÉDIT DE NANTES

Par E. ARNAUD, pasteur

Président du Consistoire de Crest (Drôme)
Officier d'Académie.

GRENOBLE

IMPRIMERIE JOSEPH ALLIER

Grande-Rue, 8, cour de Chaulnes

1886

NOTICE

HISTORIQUE ET BIBLIOGRAPHIQUE

SUR LES

CONTROVERSES

RELIGIEUSES

EN DAUPHINÉ

PENDANT LA PÉRIODE DE L'ÉDIT DE NANTES

Tiré à cent soixante-quinze exemplaires, dont vingt-cinq sur
papier de Hollande.

SUPPLÉMENT

A LA

NOTICE HISTORIQUE ET BIBLIOGRAPHIQUE

SUR LES

CONTROVERSES

RELIGIEUSES

EN DAUPHINÉ

PENDANT LA PÉRIODE DE L'ÉDIT DE NANTES

Par E. ARNAUD, pasteur

Président du Consistoire de Crest (Drôme)
Officier d'Académie.

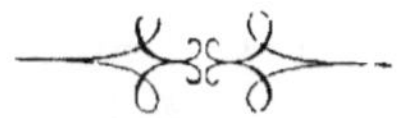

GRENOBLE

IMPRIMERIE JOSEPH ALLIER

Grande-Rue, 8, cour de Chaulnes

1886

SUPPLÉMENT

A LA

NOTICE HISTORIQUE ET BIBLIOGRAPHIQUE

SUR LES

CONTROVERSES

RELIGIEUSES

EN DAUPHINÉ

PENDANT LA PÉRIODE DE L'ÉDIT DE NANTES.

La continuation de nos travaux historiques depuis 1872, année où nous avons donné au public une *Notice historique et bibliographique sur les Controverses religieuses en Dauphiné*, a fait passer sous nos yeux un certain nombre de livres ou livrets qui se rattachent au même sujet et que nous faisons connaître. Ce nouveau travail sera le supplément au premier (1).

HUGUET CONTRE COTON (1600).

Félix Huguet (ou Uguet), successivement pasteur à Pinache-Villar, Abriès, Nyons et Molines, était un théologien d'une

---

(1) Nous avons puisé les titres de plusieurs des ouvrages qui suivent dans la savante *Bibliographie de Grenoble*, que vient de publier M. Maignien.

certaine valeur, qui eut affaire avec les synodes au sujet d'un livre qu'il publia pour soutenir la doctrine de Piscator sur l'imputation à justice de la seule obéissance passive de Jésus-Christ. Le jésuite Coton, qui aimait à rompre des lances avec les hommes les plus distingués du parti, eut avec Uguet, pendant qu'il était à Nyons, une controverse épistolaire en latin, que ce dernier traduisit en français sous ce titre :

Conférence par escrit entre M. Pierre Cotton, jésuite, et Félix Huguet, pasteur de l'Église de Nions, tournée de latin en françois; s. l. n. d. (Grenoble, A. Blanc, 1600), 102 pag.

CAILLE CONTRE RENARD (1600).

Caille, pasteur de Grenoble, ayant avancé certaines propositions (nous ignorons si c'est en chaire ou par écrit), contre l'Invocation des saints, un Franciscain crut devoir le combattre dans une *Response* que nous ne connaissons pas d'ailleurs, et à laquelle le pasteur répliqua par le livret suivant :

Examen de la Response faicte par F. Gilles Renard, de l'ordre de Saint-François, à la thèse d'un ministre de Grenoble, sur l'Invocation des Saincts, par André Caille, ministre du Sainct-Évangile; s. l. n. n. (Grenoble, A. Blanc), 1600, in-4º, 48 pag.

CAILLE CONTRE UN INCONNU (1600).

Des bruits erronés ayant couru à Grenoble sur la personne ou les opinions de Caille, ce dernier jugea nécessaire d'en démontrer la fausseté par la publication de l'opuscule dont le titre suit :

Advertissement modeste et salutaire sur une bourde pu-

bliée n'aguères contre un ministre de Grenoble (s. l. n. n.,
Grenoble, A. Blanc), 1600, in-4°, 15 pag. A la fin, I. N. D. A.
(In nomine Domine. Amen ?) ; faict le xv de décembre 1600.

CAILLE CONTRE CASTAIGNE (1600).

Caille s'était fait fort de prouver, paraît-il, par écrit ou
autrement, la fausseté de certains points de la doctrine romaine,
quand un personnage du nom de Castaigne, qui nous est resté
inconnu, releva le gant et répondit au pasteur par un livret
portant ce singulier titre, qui peint bien les mœurs de l'époque :

*Teste du ministre André Caille, ministrant à Grenoble,
gagée par luy et gaignée,* par G. Castaigne ; Lyon, 1600, in-8°.

CAILLE (?) CONTRE UN GENTILHOMME (1600-1602).

Un gentilhomme lyonnais, de passage à Grenoble, ému par
les nombreuses controverses religieuses, dont cette ville était le
théâtre depuis quelques années, voulut faire connaitre son sen-
timent sur elles à un de ses amis de Lyon dans une *Lettre,* qui
fut publiée sous ce titre :

*Copie d'une lettre escrite à un conseiller du Présidial de
Lyon, par un gentilhomme lyonnois, estant à Grenoble
l'an 1600* (s. l. n. n. n. d., Grenoble, A. Blanc, 1602), in-8°,
15 pag.

Le gentilhomme s'étant attiré une *Response,* que l'on crut
être d'un ministre (Caille, vraisemblablement), et qui n'a pas
été retrouvée, répliqua par une autre lettre, qu'il publia sous
ce titre :

Copie de la seconde lettre d'un gentilhomme lyonnois.

escrite à un conseiller du *Présidial de Lyon, sur une Response supposée par un ministre* (s. l. n. n. n. d., Grenoble, A. Blanc, 1602), in-4°, 3 pag. Datée de Lion, ce 6 de janvier 1601, et signée S. P.

Le même gentilhomme, qui se cachait, comme on le voit, sous le pseudonyme de S. P., publia à la fin de l'année une troisième lettre dont le titre suit :

Lettre au sujet des attaques de Caille portées sur le livre du P. (Coton). De Grenoble, ce jour de sainct Thomas, 21 décembre 1601. *Signé :* S. P.

Nous avons dit, page 14 de notre *Notice*, que Coton, dans son livre *Du très sainct et très auguste Sacrement.....*, s'était laissé aller à écrire des paroles offensantes contre Caille et que nous ignorions si ce dernier, pressé d'y répondre, « le plustôt et le plus modestement, » par les synodes de Serres de 1600 et de Nyons de 1601, s'était exécuté. Nous serions porté à croire que Caille finit par céder et que la *Lettre*, citée en dernier lieu, est une réponse à son écrit, qui n'a pas été retrouvé.

C'est, évidemment, échauffé par toutes ces querelles théologiques qu'un auteur catholique, qui a voulu garder l'anonyme, fit paraître une *Response aux objections que ceux de la Religion prétenduë réformée ont accoutume de faire aux catholiques sur le faict du Saint-Sacrement de l'Eucharistie : prises des canons et gloses du décret, en la distinction seconde de la consécration* (s. l. n. n , Grenoble, A. Blanc), in-4°, 41 pag.

DE BOUTEROUE CONTRE MARCELLIN (1614-1615).

—

De Bouteroue, pasteur à Grenoble, répliqua à la *Response du P. Marcellin*, mentionnée page 31 de notre *Notice*, par l'écrit suivant : *Refutation du livre du sieur Marcellin*, etc. ; Genève, Pierre Aubert, 1615, in-8°, avec une Dédicace à Lesdiguières.

Le titre de la relation de la dispute que De Bouteroue soutint contre le Père Marcellin et que le premier fit imprimer, commence par ces mots : *Narré de la Conférence.*

DE BOUTEROUE CONTRE PÉTRINY (1619).

—

L'ouvrage par lequel de Bouteroue et Murat, pasteurs de Grenoble, réfutèrent les divers livres dogmatiques du carme Pétriny, sur la Présence réelle, dont nous parlons page 37 de notre *Notice,* a pour titre : *Response aux escrits du sieur Pétriny, dict le Petit Carme, touchant la réelle existence du corps de Jésus-Christ en la Saincte Eucharistie.* Nous ne connaissons pas ce livre, mais il est vraisemblable qu'il parut à Genève en 1618 ou 1619.

EUSTACHE CONTRE BARRUEL (1626-1628).

—

Eustache répliqua à l'*Imprimé véritable* de Barruel, cité page 40 de notre *Notice,* par son *Defaut de la foy catholique ou preuves des principaux poincts de la Religion chrétienne, controversez en ce siècle par textes exprès de la Bible romaine et par les anciens docteurs, opposé à un livre intitulé* IMPRIMÉ VÉRITABLE, *etc., contenant infinies absurditez, calomnies, etc.* ; Genève, 1628, in-8º, XIV et 423 pag.

Barruel, l'année précédente, avait attaqué un opuscule d'Eustache, que nous ne connaissons que par l'écrit du premier, qui a pour titre : *Réfutation d'un petit escrit du sieur Eustache, Ministre de la Mure, ou est monstré que S. Augustin, au livre 8 de la Cité de Dieu, ch. 27, ne dit point, du sacrifice pour les morts, les paroles que le Ministre cite de luy* ; Grenoble, Marniolles, 1627, in-8º, 20 pag.

DE BOUTEROUE CONTRE D'AURIC (1627).

—

Le sieur Jean d'Auric, ayant embrassé le catholicisme à Grenoble, crut devoir en donner les motifs dans l'opuscule suivant :

Voix angéliques, Sortons d'icy, ouyes jadis dans le temple de Jérusalem ; reiterées depuis dans le temple de Grenoble, et profitablement suivies par le sieur Jean d'Auric, converty avec toute sa famille à l'Église Catholique, Apostolique et Romaine, le 30 de janvier de l'an 1627 ; Grenoble, Huvert (s. d., 1627), in-8°, 31 pag.

De Bouteroue, pasteur à Grenoble, ayant reconnu, dans cet écrit une main plus exercée que ne pouvait l'être celle d'Auric, y répondit par : *La response des bons anges aux voix angéliques des mauvais, ou réfutation d'un escrit publié sous le nom de Jean d'Auric, touchant les motifs de son apostasie, le 30 janvier 1627* (s. n. n. l. ; Grenoble, Cocson), in-8°, 80 pag.

Le pasteur de Grenoble avança dans son livret « que l'Église romaine approuve le parricide des rois chrétiens. » Le clergé de la ville s'étant ému de cette proposition et ayant déposé une plainte contre son auteur, Bouteroue et son imprimeur adressèrent une requête au Parlement, tendant à ce que cette Cour souveraine fût seule saisie de l'affaire. Le Parlement accéda à leur demande, défendit au procureur général de « procéder ailleurs que devant la Cour » à raison de ce livre, mais ne condamna pas moins celui-ci à être « publiquement lacéré sur la place du Palais, par l'exécuteur de la haute justice et ensuite jeté au feu. » Tous ceux qui en possédaient des exemplaires ou qui en connaissaient des détenteurs étaient obligés, par l'arrêt du Parlement, « de les remettre et de les déclarer au greffe de la Cour. »

CONEL CONTRE CAMUS (1628).

Nous ne savons si c'est à la suite d'une dispute publique que parut le livret suivant, dont nous donnons le curieux titre :

Le Courbeau du Ministre d'Embrun, englué sur la tour de Babel, composé par Messire Guilhelme Camus, archiprestre du Rosanais et curé en la ville de Serres. Dédicace à Msgr de Frère, premier président au Parlement du Dauphiné ; Grenoble, P. Verdier, 1688, in-12.

Le ministre d'Embrun était pour lors Jean Conel, qui jouissait d'un certain crédit parmi ses coreligionnaires, car il fut député au synode national de Castres de 1626. Nous ignorons s'il répondit à son adversaire.

VULSON CONTRE FICHET (1635-1640).

L'ouvrage de Vulson sur *La Puissance du Pape* fut combattu, non seulement par le jésuite Fichet, dans son *Trofé*, comme nous le disons à la page 44 de notre *Notice*, mais encore par l'abbé Martin dans son *Inscription en faux par Messire Gabriel Martin, abbé de Clausonne, contre le livre intitulé :* « *De la puissance du Pape et des libertez de l'Église Gallicane, mis en lumière par le sieur Marc Vulson...* ; » Grenoble, P. Verdier, 1640, in-8o, 314 pages.

Vulson mourut pendant l'impression de l'écrit de son contradicteur.

EUSTACHE CONTRE FICHET (1636-1638).

—

Le titre de la *Victoire de l'Église*, du jésuite Fichet (page 46
de notre *Notice)*, doit être ainsi complété :

*La Victoire de l'Église gagnée sur les prétendus en la
conférence d'Aspres...*, par le R. P. Alexandre Fichet, de la
compagnie de Jésus ; Lyon, 1638, in-4°, 12 pages non chiffrées,
plus 252 pag.

ALEXIS CONTRE BOULE (1647).

—

L'*Essay de l'histoire générale des protestans* de Boule,
dont nous parlons page 58 de notre *Notice*, fut réfuté par
Alexis (Gervais), pasteur de Livron, dans sa *Defense de la
religion protestante ou Traitté montrant la nullité des con-
clusions du livre intitulé :* ESSAY DE L'HISTOIRE... ; Orange,
Ed. Raban, 1647, in-8°, 5 feuil. non chiffrés et 222 pages.

Dans la seconde édition de son *Essay*, parue en 1647, Boule
répondit à Alexis dans le dernier chapitre de son livre, qu'il
intitula : *Refutatiō d'un Ecrit publié par un Ministre,
contre la dernière partie de cet Essay.*

CHAMIER CONTRE LE FÉRON (1657-1658).

—

Le *Manifeste* de Gilles le Féron, que nous nous sommes
borné à indiquer, page 50 de notre *Notice*, faute de renseigne-
ments plus complets, a pour titre :

*Manifeste de ce qui s'est passé à Vernoux, bourg du
Vivarez, de la province de Languedoc, pendant le synode des
Ministres de la Religion pretenduë réformée, le mois d'avril
de l'année 1657...;* Valence (s. d.) ; in-18, 188 pag.

APPENDICE

APOSTATS DAUPHINOIS QUI ONT PUBLIÉ LES MOTIFS DE LEUR CHANGEMENT DE RELIGION (page 55 de notre *Notice*).

SUPPLÉMENT

PLUSIEURS DAUPHINOIS (1623).

—

Le chemin de Samarie en Hierusalem, c'est-à-dire du temple calviniste pretendu reformé à l'Église Catholique, par lequel l'ange du grand conseil, guide, vie, vérité et voye, a conduit plusieurs ames desvoyées en Dauphiné; Avignon, J. Bramereau, 1623, in-8°. — Cet écrit est de Claude de Rippert.

DURAND (1625).

—

Déclaration de M. David Durand, dauphinois, jadis proposant et dogmatisant en la théologie calvinique, et regent au college de Die et escoles de Nions, touchant sa conversion à la foy catholique; Grenoble, P. Marniolles, 1625, 21 et 3 pages, in-8°.

GARCIN ET DUPUY (1625).

—

*Declaration des sieurs Jean Garcin et Paul Dupuy, Dau-
phinois, jadis Ministres de la Religion pretenduë reformée,
et maintenant convertis à la Foy Catholique, Apostolique,
Romaine. Au Roy.* A Paris, 1625, 50 pag, in-12.

MASSERON (1685).

—

*Motifs de la conversion du sieur Masseron, avocat au
Parlement de Dauphiné, demeurant à Gap, à Mgr Henri,
nommé par le Roy, Évêque et Comte de Gap ;* Grenoble,
A. Giroud, 1685, 27 pages.